D1749516

Hallo, kleines Wunder!

MEIN SCHWANGERSCHAFTS-
Tagebuch

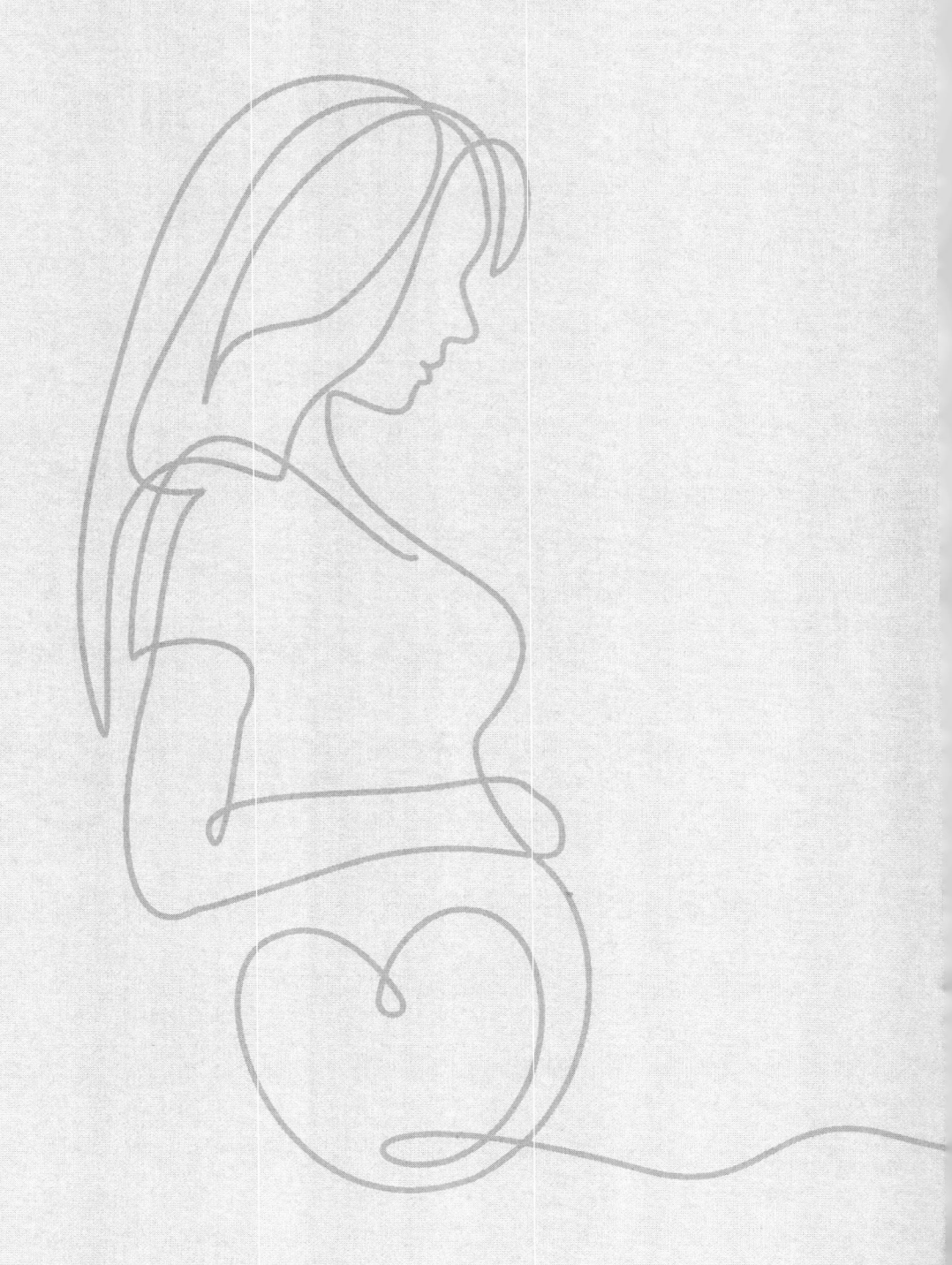

Copyright © 2024 – Larissa Seiler
Alle Rechte vorbehalten.

Die Rechte des hier verwendeten Textmaterials liegen ausdrücklich beim Verfasser. Eine Verbreitung oder Verwendung des Materials ist untersagt und bedarf in Ausnahmefällen der eindeutigen Zustimmung des Verfassers.

»*Ein Kind ist eine sichtbargewordene Liebe.*«

– Novalis –

So schön schwanger!

DIESES BUCH GEHÖRT:

_____

Inhaltsverzeichnis

EINLEITUNG   07
Hallo Mama!   08
Hallo Papa!   11
Endlich Familie!   14

3 TRIMESTER, 10 MONATE, 40 WOCHEN   18
Die Schwangerschaft auf einen Blick   18
    1.-4. SSW: Ein neues Leben beginnt!   18
    5.-8. SSW: Leben mit einem Untermieter!   18
    9.-12. SSW: Die Schwangerschaft nimmt Fahrt auf!   18
    13.-16. SSW: Was man nicht im Kopf hat ...   19
    17.-20. SSW: Einfach nur die Schwangerschaft genießen!   19
    21.-24.SSW: Halbzeit!   19
    25.-28. SSW: Richtig schön schwanger!   20
    29.-32 SSW: Die heiße Phase beginnt!   20
    33.-36. SSW: Endspurt!   20
    37.-40. SSW: Bald hat das Warten ein Ende!   21

UNSER BABY-COUNTDOWN   21

1. TRIMESTER: WIE ALLES BEGINNT ...   22

1. Monat: Die Reise beginnt ...   23
Ich bin eine stolze Mama   25
Weitere wichtige Termine im ersten Monat   26

2. Monat: Das erste Mal zum Baby-TÜV!   27
Weitere wichtige Termine im zweiten Monat   29
Mein erster Liebesbrief an Dich   30

3. Monat: »Einmal recht freundlich, bitte!«   31
Der 1. Ultraschall   34
Weitere wichtige Termine im dritten Monat   36

2. TRIMESTER: DEIN BABY ENTWICKELT SICH ...   37

4. Monat: Geschafft! Die kritische Phase ist überstanden!   38

Gender Reveal: Mädchen oder Junge?   40

Das Geheimnis ist gelüftet   41

Weitere wichtige Termine im vierten Monat   42

Die Namensfindung   43

5. Monat: Das kleine Bäuchlein wird größer!   44

Nicht mehr namenslos!   46

Der 2. Ultraschall   47

Die schönsten Schnappschüsse der zweiten Ultraschalluntersuchung   49

Ich kann dich spüren!   50

Es rumpelt und pumpelt in meinem Bauch   52

Ist etwa schon Halbzeit?   53

Meilensteine meiner Schwangerschaft   54

Weitere wichtige Termine im fünften Monat   55

6. Monat: Ups, was war denn das?   56

Das schönste Geräusch, das es gibt, Ist Dein Herzschlag   59

Bye, Bye Lieblingshose und hallo Schwangerschaftsmode   61

Tschüss Hose, bald sehen wir uns wieder!   62

Weitere wichtige Termine im sechsten Monat   63

3. TRIMESTER: DIE RUHE VOR DEM STURM...   64

7. Monat: Hör mal, kleiner Mensch!   65

Du wirst Oma   68

Du wirst Opa   69

Vorbereitung ist alles....   70

Weitere wichtige Termine im siebten Monat   72

Mein zweiter Liebesbrief an Dich   73

Der 3. Ultraschall   74

So groß und fotogen bist Du schon!   75

8. Monat: Mama an den kleinen Untermieter   77

Shopping-Time   79

Shopping-Time fürs Baby   80

Du wirst ein großer Bruder   84

Du wirst eine große Schwester   85

Weitere wichtige Termine im achten Monat   86

Wo soll mein Baby auf die Welt kommen? – Wichtige Klinikfragen   87

9. Monat: Ich packe meinen Koffer... 88

Bloß nichts vergessen! 92
Mutterschutz: Ich komme! 95
Hier wirst Du schlafen, mein kleiner Schatz!! 98
Weitere wichtige Termine im neunten Monat 101
Mein dritter Liebesbrief an Dich 102

10. Monat: So dick wird mein Bauch nie wieder 103

Weitere wichtige Termine im zehnten Monat 106
Wann hat das Warten ein Ende? 107
Geburtsbericht: Hurra! Endlich bist Du da! 108
Schön, dass Du endlich da bist! 110
Willkommen in unserer Familie 111

Mein Rückblick auf die Schwangerschaft 112
Platz für Fotos und weitere Erinnerungen 114

Impressum 116

Legende

- Gewicht
- Bauchumfang
- So fühle ich mich

Schwangerschaftstagebuch

Einleitung

Liebe werdende Mama,

du trägst ein kleines Wunder in dir – herzlichen Glückwunsch. Die kommenden Wochen und Monate werden aufregend und zugleich mit vielen Veränderungen verbunden sein. Eine Schwangerschaft ist nicht nur eine Zeit voller Wunder und neuer Erfahrungen, sondern auch besonders – für dich und dein Kind. Und um diese wunderbaren und einmaligen Momente für immer festhalten zu können, stehen dir die folgenden Seiten zur Verfügung. Diese wollen von dir mit deinen Erfahrungen und Erinnerungen gefüllt werden.

Also verliere keine Zeit, sondern erkunde am besten direkt, was dich in den kommenden 40 Schwangerschaftswochen alles erwarten wird.

Wir wünschen dir viel Spaß beim Lesen und beim Erleben deiner Schwangerschaft!

Hallo Mama!

Ich werde bald Mama und heiße ....

Ich habe am .... Geburtstag und dies ist meine .... Schwangerschaft.

Ich bin .... m groß.

Meine Haare sind .... und meine Augen ....

Ich habe am .... von meiner Schwangerschaft erfahren.

Dieser Gedanke schoss mir als erstes durch den Kopf,
als ich von der Schwangerschaft erfahren habe:

....

....

....

....

....

So würde ich mich selbst beschreiben:

....

....

....

....

....

Für mein Baby wünsche ich mir:

....

....

....

....

Diese Ängste habe ich:

....

....

....

....

Darauf freue ich mich als Papa am meisten:

....

....

....

....

Ich hoffe mein Baby wird ein:

◯ Junge

◯ Mädchen

◯ egal

Foto von Mama

*Hier ist Platz
für ein Foto von Dir*

Hallo Papa!

Ich werde bald Papa und heiße ....

Ich habe am .... Geburtstag und dies ist meine .... Schwangerschaft.

Ich bin .... m groß.

Meine Haare sind .... und meine Augen ....

Ich habe am .... von der Schwangerschaft erfahren.

*Dieser Gedanke schoss mir als erstes durch den Kopf,
als ich von der Schwangerschaft erfahren habe:*

....

....

....

....

....

So würde ich mich selbst beschreiben:

....

....

....

....

....

Für mein Baby wünsche ich mir:

....
....
....
....

Diese Ängste habe ich:

....
....
....
....

Darauf freue ich mich als Papa am meisten:

....
....
....
....

Ich hoffe mein Baby wird ein:

◯ Junge

◯ Mädchen

◯ egal

Foto von Papa

*Hier ist Platz für ein Foto
des werdenden Papa*

Endlich Familie!

Ein Baby zu bekommen ist für uns:

....
....
....
....
....
....
....

Darauf freuen wir uns am meisten:

....
....
....
....
....
....
....

*Diese Charaktereigenschaften von Mama/Papa
wünschen wir uns für unser Baby:*

....
....
....
....
....
....

So stellen wir uns den Alltag mit dem Baby vor:

....
....
....
....
....
....

Als Eltern legen wir großen Wert auf:

....
....
....

Davor haben wir am meisten Angst:

Was wir unserem Baby noch sagen wollen:

Das erste Foto als Familie

*Hier ist Platz
für das erste Familienfoto*

3 Trimester, 10 Monate, 40 Wochen

Die Schwangerschaft auf einen Blick

Schwangerschaften sind so individuell, wie die Mamas, die sie erleben. Es wird emotionale, aber auch turbulente Zeiten geben. Die Freude auf das neue Familienmitglied wird dabei ebenso eine Rolle spielen, wie so manche bürokratischen Dinge, die erledigt werden wollen. Hinzu kommen die Emotionen und Hormone, die vollkommen durcheinandergeraten. Und ganz nebenbei muss auch noch so viel vorbereitet werden. Puh! Um einen ersten Eindruck zu bekommen, was dich in der kommenden Zeit erwartet, findest du nachfolgend die wichtigsten Meilensteine deiner Schwangerschaft.

1.-4. SSW: Ein neues Leben beginnt!

Deine Menstruation ist ausgeblieben und in dir verstärkt sich das Gefühl, dass in deinem Körper ein neuer Mensch heranwächst.

- *Schwangerschaftstest machen*
- *Schwangerschaft durch einen Arzt bestätigen lassen*
- *strikt auf Alkohol, Nikotin und Drogen verzichten*
- *Medikamente nur noch in Absprache mit dem Arzt einnehmen*

5.-8. SSW: Leben mit einem Untermieter!

Deine Hormone fahren Achterbahn. Das kann nicht nur zur Übelkeit führen, sondern auch Auswirkungen auf deine Haut und Zähne haben. Und vielleicht wirst du jetzt auch Bekanntschaft mit den berüchtigten Heißhungerattacken machen.

- *Termin für die 1. Vorsorgeuntersuchung vereinbaren*
- *auf gesunde und ausgewogene Ernährung achten*
- *regelmäßig eincremen*
- *nach Rücksprache mit Arzt Folsäure und Jod einnehmen*

9.-12. SSW: Die Schwangerschaft nimmt Fahrt auf!

Mit jedem Tag wächst das Baby in deinem Bauch. Dementsprechend wirst du auch mehr und mehr die Veränderungen an deinem Körper beobachten.

- Termin für die 2. Vorsorgeuntersuchung (+ erste Ultraschalluntersuchung) vereinbaren
- Mutterpass ausstellen lassen
- Hebamme suchen
- Termin für die Nackenfaltenmessung und andere pränataldiagnostische Untersuchungen vereinbaren
- Termin beim Zahnarzt vereinbaren

13.-16. SSW: Was man nicht im Kopf hat ...

Es ist leider kein Mythos: Schwangere werden vergesslich. Aber nicht nur das! Auch Schwangerschaftsstreifen, Krampfadern und Besenreiser werden jetzt vielleicht zu deinen Begleitern gehören.

- Arbeitgeber über die Schwangerschaft informieren
- Termin zur 3. Vorsorgeuntersuchung vereinbaren
- Wohlfühltage einlegen
- um einen Betreuungsplatz kümmern
- Termin zur Fruchtwasseruntersuchung vereinbaren, wenn gewünscht
- Krankenkasse die Schwangerschaft mitteilen (wichtig für das Mutterschaftsgeld)

17.-20. SSW: Einfach nur die Schwangerschaft genießen!

Der Bauch nimmt immer mehr an Umfang zu, sodass du dir gelegentlich einfach mehr Zeit für dich gönnen solltest. Schließlich lassen sich in den kommenden Wochen auch schon die ersten Kindsbewegungen spüren.

- regelmäßige Bewegung
- eine Klinik oder ein Geburtshaus suchen
- für einen Geburtsvorbereitungskurs anmelden
- Termin für die 4. Vorsorgeuntersuchung (+ zweite Ultraschalluntersuchung) vereinbaren

21.-24. SSW: Halbzeit!

Die Hälfte der Schwangerschaft hast du geschafft. Das heißt aber nicht, dass es jetzt einfacher wird.

- auf sich selbst achten und sich regelmäßige Auszeiten gönnen
- Termin für die 5. Vorsorgeuntersuchung (24. SSW) vereinbaren

25.-28. SSW: Richtig schön schwanger!

Schlaflosigkeit, Wassereinlagerungen und noch viele andere Zipperlein können dir in diesem Monat das Leben schwer machen.

- *mit Geburtsvorbereitungskurs beginnen*
- *Termin für die 6. Vorsorgeuntersuchung vereinbaren*
- *Kinderarzt suchen*
- *Antrag auf Mutterschaftsgeld stellen*

29.-32 SSW: Die heiße Phase beginnt!

Dein Bauch wird immer runder und so rückt auch der langersehnte Tag immer näher. Grund genug, sich langsam um das Babyzimmer zu kümmern.

- *Termin für die 7. Vorsorgeuntersuchung (+ dritte Ultraschalluntersuchung) vereinbaren*
- *Erstausstattung für das Baby besorgen*
- *Babyzimmer einrichten*
- *Rückenschmerzen vorbeugen bzw. entgegenwirken*
- *Fragen zum Sorgerecht und der Vaterschaftsanerkennung klären*
- *Arbeitgeber über die Dauer der Elternzeit informieren*
- *Anträge für Kindergeld und Erziehungsgeld stellen*

33.-36. SSW: Endspurt!

Langsam, aber sicher neigt sich deine Schwangerschaft dem Ende entgegen. Die Bewegungen deines Babys werden immer stärker, während du es vielleicht gar nicht mehr erwarten kannst, deinen Nachwuchs in den Armen zu halten.

- *Kliniktasche packen*
- *Termin für die 8. Vorsorgeuntersuchung (34. SSW) vereinbaren*
- *Gedanken darüber machen, ob das Nabelschnurblut eingefroren werden soll*
- *Termin für die 9. Vorsorgeuntersuchung (36. SSW)*

37.-40. SSW: Bald hat das Warten ein Ende!

Jetzt heißt es nur noch Durchhalten. Die letzten Wochen einer Schwangerschaft können oftmals die Schwersten sein. Aber bald ist es geschafft!

- Gipsabdruck vom Babybauch machen als Erinnerung
- Termin für die 10. Vorsorgeuntersuchung vereinbaren
- Ruhe und Entspannung gönnen

Unser Baby-Countdown

1	2	3	4	5	6	7	8	9	10
11	12	13	14	15	16	17	18	19	20
21	22	23	24	25	26	27	28	29	30
31	32	33	34	35	36	37	38	39	40

Errechneter Geburtstermin: ....

Tag der Geburt: ....

»Vorfreude: Das Glück ist auf dem Weg.«

1. Trimester: Wie alles beginnt ...

1.-12. Schwangerschaftswoche

- Dein Körper bereitet sich auf eine Empfängnis vor.

- Nach der erfolgreichen Befruchtung im Uterus macht sich die Eizelle auf den Weg in die Gebärmutterhöhle, während sich die Zellen fröhlich weiter teilen.

- Ein Schwangerschaftstest verkündet meist die frohe Botschaft, sodass vielleicht auch die ersten Schwangerschaftsbeschwerden nicht lange auf sich warten lassen.

- Die Organe deines Babys, wie Nieren, Leber, Darm und Herz formen sich.

- Aus dem Embryo wird ein Fötus.

- Torso und Nägel deines Babys beginnen zu wachsen.

- Gegen Ende des ersten Trimesters sieht der Kopf deines Babys schon aus, wie bei einem kleinen Menschen.

1. Monat: Die Reise beginnt ...

1.-4. Schwangerschaftswoche

Hier ist Platz für ein Foto

....
....
....

Die Verhütung wurde abgesetzt/eingestellt am: ....

Irrungen und Wirrungen: Es ist nie der richtige Zeitpunkt für ein Baby. Deshalb habe ich mich dafür entschieden, schwanger zu werden:

....
....
....
....
....
....
....

Ich habe am .... *einen positiven Schwangerschaftstest gemacht.*

Ich bin eine stolze Mama

Auf diesem Foto siehst du mich, als ich erfahren habe, dass ich schwanger bin.

Hier ist Platz für ein Foto

Weitere wichtige Termine im ersten Monat:

2. Monat: Das erste Mal zum Baby-TÜV!

5.-8. Schwangerschaftswoche

Baby-News: Im Laufe des Monats wird sich die Größe deines Babys von einem Sesamsamen zu einer Blaubeere verändern.

Hier ist Platz für ein Foto

Ich habe verstärkt Heißhunger auf:

Folgende Gerüche oder Lebensmittel vertrage ich nicht mehr:

Wenn ich an den ersten Baby-TÜV denke, dann:

Weitere wichtige Termine im zweiten Monat:

Mein erster Liebesbrief an dich

Datum:

3. Monat: »Einmal recht freundlich, bitte!«

9.-12. Schwangerschaftswoche

Baby-News: Im Laufe des Monats wird sich die Größe deines Babys von einer Himbeere zu einer Erdbeere verändern.

Hier ist Platz für ein Foto der werdenden Mama

Der Termin für die zweite Vorsorgeuntersuchung und den ersten Ultraschall ist am:

....

Der Termin für die Nackenfaltenmessung ist am:

....

Der Termin für die Pränataldiagnostik ist am:

....

Schwanger zu sein bedeutet für mich:

....

....

....

Das tue ich für mich, um mich zu entspannen:

Was mir in letzter Zeit besonders aufgefallen ist:

Der 1. Ultraschall

Datum: ....
Der behandelnde Arzt heißt ....
Ich war in der .... Schwangerschaftswoche.

Das habe ich gedacht:

....
....
....
....
....

Und das hast du während des Ultraschalls gemacht:

....
....
....
....

Das hat der Arzt gesagt:

....
....
....
....

Zum Ultraschall wurde ich begleitet von:

Meine Gedanken:

Mein größtes Glück ist noch so klein!

*Das erste Ultraschallbild
von meinem Baby*

Hallo, kleines Wunder!

Weitere wichtige Termine im dritten Monat:

»Manches beginnt klein, manches groß. Aber manchmal ist das Kleinste das Größte.«

2. Trimester: Dein Baby entwickelt sich ...

13.-24. Schwangerschaftswoche

- Alle Organe deines Babys beginnen zu arbeiten.

- Auch die Geschlechtsorgane entwickeln sich.

- Durch das Ein- und Ausatmen von Fruchtwasser trainiert dein Baby die Lunge.

- Die Sinnesorgane deines Babys entwickeln sich. So kann es Lichtreize wahrnehmen und dein Herz schlagen hören.

- Du kannst die ersten Tritte und Faustschläge deines Babys spüren.

- Dein Baby hat immer öfter Schluckauf.

4. Monat: Geschafft!
Die kritische Phase ist überstanden!

13.-16. Schwangerschaftswoche

Baby-News: Im Laufe des Monats wird sich die Größe deines Babys von einer Pflaume zu einem Apfel verändern.

Der Termin für die dritte Vorsorgeuntersuchung ist am:

Im Moment fällt es mir besonders schwer:

Folgende Ängste und Sorgen gehen mir vermehrt durch den Kopf:

Am .... habe ich dir zum ersten Mal ein Kinderlied vorgesungen.

So hieß das Lied ....

und diese Erinnerungen verbinde ich selbst damit:

Gender Reveal: Mädchen oder Junge?

Du wirst ein:

Hier ist Platz für ein Foto

Sollen wir uns verraten lassen, ob du ein Junge oder Mädchen wirst?

Dein Papa und ich haben uns darauf geeinigt, dass:

Mein Bauch hat eine:

○ spitze

○ runde

Form, deshalb denken die meisten, du wirst ein:

○ Junge

○ Mädchen.

Das Geheimnis ist gelüftet

Am .... habe ich dein Geschlecht erfahren.

Du wirst ein: ....

Diese Gefühle gingen mir dabei durch den Kopf:

....
....
....
....
....

Das hat dein Papa zu deinem Geschlecht gesagt:

....
....
....
....
....

Weitere wichtige Termine im vierten Monat:

Die Namensfindung

Wenn es ein Mädchen wird

Vorschläge:

....
....
....
....

Favoriten:

....
....
....

Wenn es ein Junge wird

Vorschläge:

....
....
....
....

Favoriten:

....
....
....

5. Monat: Das kleine Bäuchlein wird größer!

17.-20. Schwangerschaftswoche

Baby-News: Im Laufe des Monats wird sich die Größe deines Babys von einer Avocado zu einer Mango verändern.

Hier siehst Du Deine stolzen Eltern

Ich habe mir bereits Gedanken darüber gemacht, wo mein Baby zur Welt kommen soll:

◯ Klinik

◯ Geburtshaus

◯ zu Hause.

Am .... *habe ich mich für einen Geburtsvorbereitungskurs angemeldet.*

Meine Gedanken dazu:

Von diesen Erlebnissen würde ich dir gerne erzählen:

....

....

....

....

....

....

Nicht mehr namenslos!

Das ist dein Name: ....

Bedeutung/Herkunft: ....

Ich habe mich/wir haben uns für diesen Namen entschieden, weil:

....

....

....

....

Der 2. Ultraschall

Datum: ....

Ich war in der .... Schwangerschaftswoche.

Das habe ich gedacht:

....
....
....
....
....

Und das hast du während des Ultraschalls gemacht:

....
....
....
....
....

Das hat der Arzt gesagt:

....
....
....
....
....

Zum Ultraschall wurde ich begleitet von:

Meine Gedanken:

Die schönsten Schnappschüsse der zweiten Ultraschalluntersuchung

Platz für ein Foto

Platz für ein Foto

Hallo, kleines Wunder!

Ich kann dich spüren!

Auf diesem Foto siehst du mich, wie ich zum ersten Mal deinen Tritt gespürt habe.

Hier ist Platz für ein Foto

Am .... habe ich zum ersten Mal deine Bewegungen in meinem Bauch gespürt.

Das war ein unbeschreibliches Gefühl, weil:

....
....
....
....

Das habe ich gemacht, als ich dich das erste Mal gespürt habe:

Und so haben sich deine ersten Bewegungen angefühlt:

Es rumpelt und pumpelt in meinem Bauch

Sehr oft bewegst du dich, wenn:

....

....

....

....

Zu dieser Tageszeit bist du besonders aktiv:

....

....

Manchmal sind deine Bewegungen so stark, dass:

....

....

....

....

Ist etwa schon Halbzeit?

Meine Gedanken zum bisherigen Schwangerschaftsverlauf:

....

....

....

....

....

....

....

....

....

Hier ist Platz für ein Foto

Meilensteine meiner Schwangerschaft

An diesem Tag habe ich erfahren, dass ich schwanger bin: ....

Heute habe ich dich das erste Mal im Ultraschall gesehen: ....

Endlich bin ich in der 13. Woche: ....

Heute habe ich dich zum ersten Mal gespürt: ....

An diesem Tag hat dich dein Papa das erste Mal gespürt: ....

Halbzeit: ....

Hurra! Du bist ein: ....

Mein erster Geburtsvorbereitungskurs war am: ....

Mein Bauch ist so dick, dass ich meine Füße nicht mehr sehen kann: ....

Heute beginnt mein Mutterschutz: ....

Weitere wichtige Termine im fünften Monat:

6. Monat: Ups, was war denn das?

21.-24. Schwangerschaftswoche

Baby-News: Im Laufe des Monats wird sich die Größe deines Babys von einer Süßkartoffel zu einem Blumenkohl verändern.

Hier ist Platz für ein Foto

Das Foto zeigt mein erstauntes Gesicht, als ich zum ersten Mal deinen Schluckauf gespürt habe.

56 | Hallo, kleines Wunder!

Der Termin für die fünfte Vorsorgeuntersuchung ist am: ....

Am .... habe ich zum ersten Mal gespürt, dass du Schluckauf hast. Und so hat es sich angefühlt: ....

....

....

Du magst es ganz besonders, wenn ich dir etwas vorsinge/vorlese oder mit dir rede. Jedes Mal, wenn ich ....

....

...., beginnst du wie verrückt in meinem Bauch zu strampeln.

Ich genieße meine Schwangerschaft in vollen Zügen. Besonders gefällt mir:

....
....
....
....
....
....

„Das schönste Geräusch, das es gibt, ist dein Herzschlag"

Hier ist Platz für ein Foto

Das schönste Geräusch, das es gibt, ist dein Herzschlag

Datum: .... SSW: ....

Heute ist ein ganz besonderer Tag für mich. Denn ich konnte dein kleines Herz schlagen hören.

Diese Gedanken gingen mir dabei durch den Kopf:

....
....
....
....

Und so habe ich mich dabei gefühlt:

....
....
....
....

Dein kleines Herz hat sich angehört wie:

○ ein Rauschen

○ ein lautes Poltern

○ ein schnelles Klopfen

○ das schönste Geräusch auf Erden

So habe ich mir deinen Herzschlag vorgestellt:

60 | Hallo, kleines Wunder!

Bye, bye Lieblingshose und hallo Schwangerschaftsmode

Hier ist Platz für ein Foto

Dieses Foto zeigt mich in meinem ersten Schwangerschaftsoutfit.

Tschüss Hose, bald sehen wir uns wieder!

An diesem Tag habe ich mein erstes Schwangerschaftsoutfit gekauft:

....

Es bestand aus:

....

....

....

Aktuell trage ich am liebsten:

....

....

....

....

Weitere wichtige Termine im fünften Monat:

> »Der Tag der Geburt ist das einzige Blind-Date, bei dem du sicher sein kannst, die Liebe deines Lebens kennenzulernen.«

3. Trimester: Die Ruhe vor dem Sturm...

25.-40. Schwangerschaftswoche

- Dein Baby legt noch einmal ordentlich an Größe und Gewicht zu.
- Dein Baby hört laute Stimmen und Geräusche aus der Umgebung.
- In deinem Bauch wird es zunehmend enger, sodass dein kleiner Untermieter die typische Fötushaltung einnimmt.
- In Vorbereitung auf die Geburt wird sich dein Baby in die richtige Position bringen.
- Am Ende des Trimesters wirst du deinen kleinen Schatz endlich in den Armen halten.

# 7. Monat: Hör mal, kleiner Mensch!
25.-28. Schwangerschaftswoche

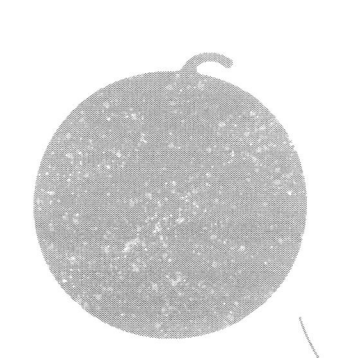

Baby-News: Im Laufe des Monats wird sich die Größe deines Babys von einem Zuckermelone zu einem Hokkaido-Kürbis verändern.

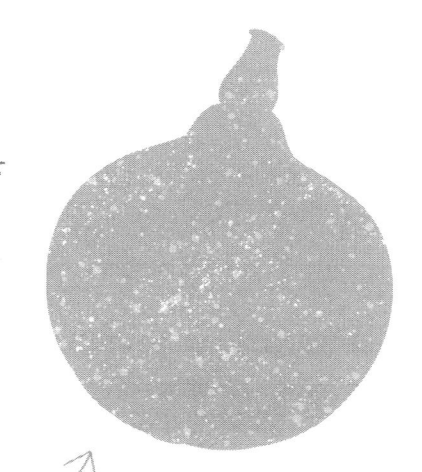

Platz für ein Foto von Mama & Papa

Der Termin für die sechste Vorsorgeuntersuchung ist am:

....

Der Termin für die siebte Vorsorgeuntersuchung und den dritten Ultraschall ist am:

....

Am .... war ich zum ersten Mal beim Geburtsvorbereitungskurs. So habe ich mich dabei gefühlt: ....

....

....

....

Auch die Übungswehen spüre ich. Zum ersten Mal am ....

Ich lasse es mir gutgehen und mache es mir gemütlich, indem ich:

....

....

....

....

So nenne ich dich, wenn ich mit dir spreche: ....

Und das erzähle ich dir am liebsten:

....

....

....

....

....

....

....

Du wirst Oma

Dieses Foto zeigt deine stolze Oma

*Platz für ein Foto
der stolzen Oma*

Du wirst Opa

Dieses Foto zeigt deinen stolzen Opa

*Platz für ein Foto
des stolzen Opas*

Vorbereitung ist alles...

*Platz für ein Foto von Dir
beim Geburtsvorbereitungskurs*

*Auf diesem Foto siehst du mich
beim Geburtsvorbereitungskurs*

Seit dem .... besuche ich regelmäßig meinen Geburtsvorbereitungskurs.

So heißt der Kurs: ....

Begleitet werde ich von: ....

Das machen wir im Kurs: ....

....

....

....

....

Mir gefällt der Kurs, weil: ....

....

....

....

....

Das gefällt mir nicht so sehr: ....

....

....

....

....

....

Weitere wichtige Termine im siebten Monat:

Mein zweiter Liebesbrief an dich

Datum:

Der 3. Ultraschall

Datum: ....

Ich war in der .... Schwangerschaftswoche.

Das habe ich gedacht:

....
....
....
....
....

Und das hast du während des Ultraschalls gemacht:

....
....
....
....
....

Das hat der Arzt gesagt:

....
....
....
....
....

Zum Ultraschall wurde ich begleitet von:

Meine Gedanken:

So groß und fotogen bist du schon!

*Platz für
ein Ultraschallfoto*

*Platz für
ein Ultraschallfoto*

8. Monat: Mama an den kleinen Untermieter

29.-32. Schwangerschaftswoche

Baby-News: Im Laufe des Monats wird sich die Größe deines Babys von einem Kohlkopf zu einer Gurke verändern.

Wenn ich dir das erzähle, beginnst du zu strampeln:

....

....

....

....

....

....

Am .... *habe ich eine Klinik/Geburtshaus besichtigt.*

Ich weiß jetzt, wo ich dich zur Welt bringen möchte: ....

....

....

Dieser Tipp meiner Hebamme/meines Arztes hilft mir sehr gut, die Übungswehen von echten Wehen unterscheiden zu können: ....

....

....

....

....

....

Shopping-Time

*Platz für ein Foto des
ersten Outfit Deines Babys*

Das ist dein erstes Outfit

Shopping-Time fürs Baby

Baby-Größen

Größe 44	FRÜHCHEN
Größe 50	BIS ZU EINEM MONAT
Größe 56	EIN BIS ZWEI MONATE
Größe 62	ZWEI BIS DREI MONATE
Größe 68	VIER BIS SECHS MONATE
Größe 74	SIEBEN BIS NEUN MONATE
Größe 80	ZEHN BIS ZWÖLF MONATE

Windeln

1 bis 4 kg	0 PREMATURE
2 bis 5 kg	1 NEWBORN
3 bis 8 kg	2 MINI
4 bis 10 kg	3 MIDI
7 bis 14 kg	4 MAXI
9 bis 20 kg	4+ MAXI PLUS

Grundausstattung:

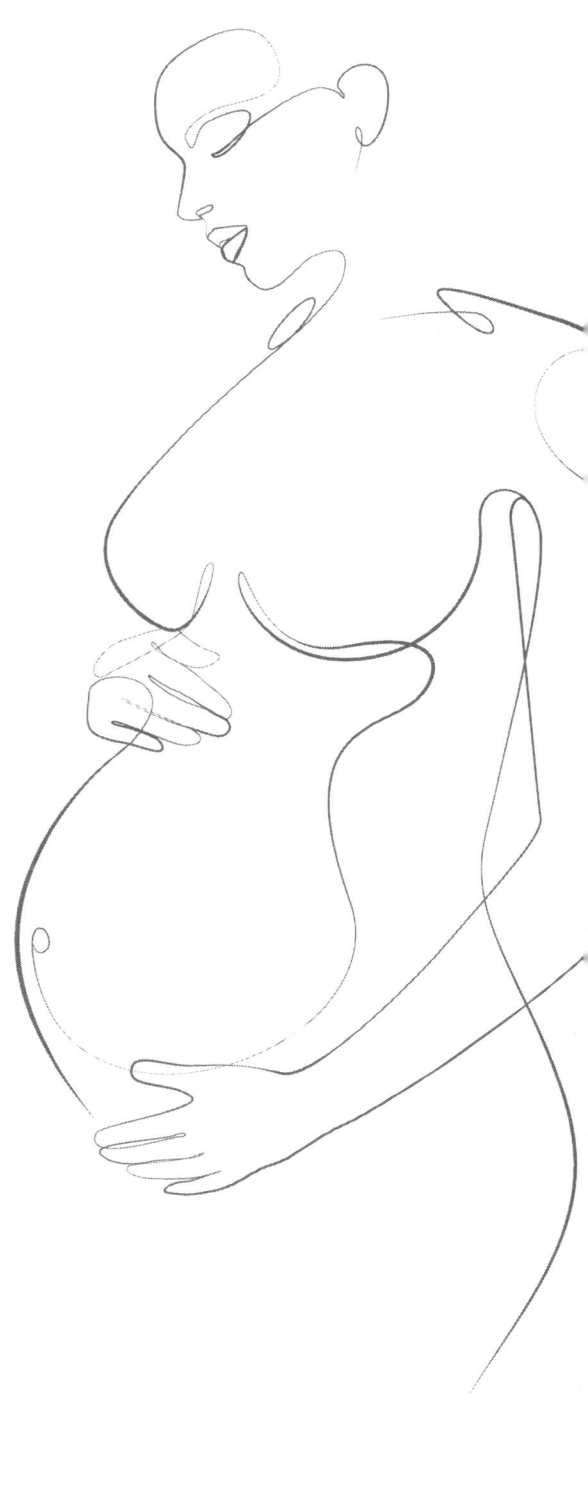

- ○ ....
- ○ ....
- ○ ....
- ○ ....
- ○ ....
- ○ ....
- ○ ....
- ○ ....
- ○ ....
- ○ ....
- ○ ....
- ○ ....

Babykleidung:

- ○ ....
- ○ ....
- ○ ....
- ○ ....
- ○ ....
- ○ ....
- ○ ....
- ○ ....
- ○ ....
- ○ ....

Hallo, kleines Wunder!

Accessoires:

- ○ ....
- ○ ....
- ○ ....
- ○ ....
- ○ ....
- ○ ....
- ○ ....
- ○ ....
- ○ ....
- ○ ....

Pflege:

- ○ ....
- ○ ....
- ○ ....
- ○ ....
- ○ ....
- ○ ....
- ○ ....
- ○ ....
- ○ ....
- ○ ....
- ○ ....
- ○ ....

Stillen und Füttern:

- ○ ....
- ○ ....
- ○ ....
- ○ ....
- ○ ....
- ○ ....
- ○ ....
- ○ ....

Für unterwegs:

- ○ ....
- ○ ....
- ○ ....
- ○ ....
- ○ ....
- ○ ....
- ○ ....
- ○ ....
- ○ ....
- ○ ....
- ○ ....
- ○ ....

Du wirst ein großer Bruder

Dieses Foto zeigt deinen stolzen Bruder

Platz für ein Foto von dem stolzen Bruder

Du wirst eine große Schwester

Dieses Foto zeigt deine stolze Schwester

Platz für ein Foto von der stolzen Schwester

Weitere wichtige Termine im achten Monat:

Wo soll mein Baby auf die Welt kommen? – Wichtige Klinikfragen

○ Ist die Klinik gut erreichbar?

○ Welchen Ruf hat die Klinik?

○ Wie sieht die personelle Besetzung aus und wie viele werdende Mamas werden von einer Hebamme betreut?

○ Kann ich meine eigene Hebamme mitbringen?

○ Ist immer ein Arzt anwesend?

○ Wie ist der Kreißsaal ausgestattet?

○ Gibt es ein Vorwehenzimmer?

○ Ist immer ein Kinderarzt in der Klinik?

○ Ist eine ambulante Geburt möglich bzw. wie lange muss ich nach der Geburt in der Klinik bleiben?

○ Wer darf bei der Geburt dabei sein?

○ Darf ich im Kreißsaal essen und trinken?

○ Welche Methoden zur Schmerzlinderung werden angeboten?

○ Kann ich mich während der Wehen frei bewegen?

○ Wird Rooming In angeboten?

○ Gibt es Stillberater?

○ Wie hoch ist die Dammschnittrate der Klinik?

9. Monat: Ich packe meinen Koffer...

33.-36. Schwangerschaftswoche

Baby-News: Im Laufe des Monats wird sich die Größe deines Babys von einer Ananas zu einer Papaya verändern.

Hier ist Platz für ein Foto

Auf diesem Foto siehst du mich, wie ich es kaum noch erwarten kann, dich endlich in den Armen zu halten.

Der Termin für die achte Vorsorgeuntersuchung ist am:

Der Termin für die neunte Vorsorgeuntersuchung ist am:

Ich möchte dich endlich:

Diese Dinge möchte ich vor der Geburt noch unbedingt erledigen:

....
....
....
....
....

Meine Gedanken zur bevorstehenden Geburt:

....
....
....
....
....
....
....
....
....
....
....
....

Am .... habe ich zum ersten Mal leichte Senkwehen gespürt.

Und so haben sich diese angefühlt: ....

Bloß nichts vergessen!

Packliste für die Klinik/das Geburtshaus

Diese Papiere nicht vergessen:

- ○ Mutterpass
- ○ Personalausweis
- ○ Familienstammbuch oder bei unverheirateten Mamis Geburtsurkunde
- ○ Versichertenkarte
- ○ Allergiepass
- ○ Einweisungsschein
- ○ ....
- ○ ....
- ○ ....
- ○ ....
- ○ ....

Für die Wehen/Geburt:

- ○ 2 lange Baumwoll-Shirts oder andere bequeme Kleidung
- ○ Jogginghose
- ○ Strickjacke
- ○ dicke Socken
- ○ bequeme Hausschuhe
- ○ Massageöl und einen Pflegelippenstift
- ○ etwas für den kleinen Hunger *(Müsliriegel etc.)*
- ○ kleines Kissen
- ○ etwas Süßes als Energielieferant *(Bonbons, Kaugummi, Traubenzucker etc.)*

- Lieblings-CD, Buch, Zeitschriften, Aromaduft
- **Brille** *(Kontaktlinsen sind während der Geburt nicht ratsam)*
- ....
- ....
- ....

Für das Wochenbett:

- **Kulturbeutel** *(mit Shampoo, Duschgel, Deo, Kosmetiktücher, Schminktäschchen, Zahnbürste und Zahnpasta, Haargummis, Creme, Haarbürste, Föhn, Feile, Papiertaschentücher, Hautcreme oder Bodylotion, feuchtes Toilettenpapier)*
- **Handtücher und Waschlappen** *(Einwegwaschlappen nicht vergessen)*
- 3-4 Schlafanzüge oder Nachthemden
- Einmalunterhosen
- Binden
- Stilleinlagen
- 2 Still-BHs
- 3-4 geeignete Still-Shirts
- 2 Jogginghosen und -jacken
- Outfit für die Heimfahrt
- Beutel für Schmutzwäsche
- Handy und Ladekabel
- Geld und wichtige Adressen
- ....
- ....
- ....
- ....
- ....

Hallo, kleines Wunder!

Für dein Baby:

- ○ Hemdchen/Body und Wickeljäckchen, Strampler (Gr. 56-62)
  (am besten alles in doppelter Ausführung)
- ○ Mützchen
- ○ Spucktücher
- ○ Kuscheldecke
- ○ dicke Jacke (je nach Jahreszeit)
- ○ Söckchen
- ○ Babyschale für die Heimfahrt
- ○ Flaschen und Milchnahrung sofern dein Baby nicht gestillt wird
- ○ ....
- ○ ....
- ○ ....
- ○ ....
- ○ ....

Hinweis:

Windeln und Anziehsachen werden in den meisten Krankenhäusern für den Aufenthalt gestellt. Informiere dich im Vorfeld, ob das auch in der Klinik deiner Wahl so ist. Wenn nicht, musst du mehr Kleidung für deinen kleinen Schatz einpacken. Das Geburtshaus verlässt du in der Regel nach wenigen Stunden mit deinem Baby wieder, sodass in diesem Fall nur Kleidung für die Heimfahrt benötigt wird.

Mutterschutz: Ich komme!

*Hier ist Platz
für ein Foto*

Auf diesem Foto siehst du mich an meinem letzten
Arbeitstag vor dem Babyurlaub.

Datum: .... SSW: ....

Heute habe ich mich von meiner Arbeit und den Kollegen in den Mutterschutz verabschiedet.

So habe ich mich gefühlt:

....
....
....
....
....
....
....

Das haben meine Kollegen mir noch geraten:

....
....
....
....
....
....
....
....

Das wird mir in den kommenden Wochen fehlen:

....

....

....

....

Und diese Dinge werde ich überhaupt nicht vermissen:

....

....

....

....

Platz für ein Erinnerungsfoto von der Arbeit

Hier wirst du schlafen, mein kleiner Schatz!

*Platz für ein Foto vom
fertigen Kinderzimmer*

Dein Zimmer haben wir in .... *gestrichen, weil:*

....

....

....

Das war uns bei deinem Zimmer besonders wichtig:

....

....

....

....

....

So war es für mich, dein Zimmer herzurichten:

....

....

....

....

....

Das sagt dein Papa zu deinem Zimmer:

....

....

....

....

Meine Gedanken zum Nestbautrieb als werdende Mama:

Weitere wichtige Termine im neunten Monat:

Mein dritter Liebesbrief an dich

Datum:

10. Monat: So dick wird mein Bauch nie wieder

37.-40. Schwangerschaftswoche

Baby-News: Im Laufe des Monats wird sich die Größe deines Babys von einem Gartenkürbis zu einem kleinen Kürbis verändern.

Hier ist Platz für ein Foto

Auf diesem Foto siehst du den Gipsabdruck von meinem runden Schwangerschaftsbauch.

Der Termin für die zehnte Vorsorgeuntersuchung ist am:

Das Warten auf die Geburt ist:

Das habe ich in dieser Woche Schönes erlebt:

Davor habe ich während der Geburt am meisten Angst:

Weitere wichtige Termine im zehnten Monat:

Wann hat das Warten ein Ende?

Heute ist dein errechneter Geburtstermin.

Datum: ....

Wichtige Telefonnummern:

Meine Hebamme: ....

Mein Arzt/meine Ärztin: ....

Klinik oder Geburtshaus: ....

Sonstige wichtige Telefonnummern: ....

....

....

Platz für andere Notizen:

Geburtsbericht: Hurra! Endlich bist du da!

Dein Geburtstag: ....

Wochentag: ....

Uhrzeit: ....

Größe: ....

Gewicht: ....

Kopfumfang: ....

Klinik/Geburtshaus: ....

Stichpunkte, die deine Geburt beschreiben:

....

....

....

....

....

....

Von der ersten Wehe bis zur Geburt dauerte es .... Stunden.

Bei deiner Geburt war dabei: ....

Mein persönlicher Geburtsbericht:

Schön, dass du endlich da bist!

*Platz für das erste Foto
Deines Babys*

Willkommen in unserer Familie

Als ich dich das erste Mal in den Armen hielt, dachte ich:

....
....
....
....

Meine ersten Worte an dich waren:

....
....
....

Diese Gefühle gingen mir direkt nach deiner Geburt durch den Kopf:

....
....
....
....
....
....

Mein Rückblick auf die Schwangerschaft

Das war das Schönste an der Schwangerschaft:

Damit hätte ich nicht gerechnet:

Meine schönsten Erinnerungen:

Platz für Fotos und weitere Erinnerungen

Hier ist Platz für ein Foto

Hier ist Platz für ein Foto

*Hier ist Platz
für ein Foto*

*Hier ist Platz
für ein Foto*

Impressum

© Larissa Seiler

Das Werk ist urheberrechtlich geschützt. Jede Verwendung ohne die ausschließliche Erlaubnis des Autors ist untersagt. Dies gilt insbesondere für Vervielfältigung, Verwertung, Übersetzung und die Einspeicherung und Verarbeitung in elektronischen Systemen.

ISBN: 978-3-910661-33-2
Für Fragen und Anregungen: info@dulangon-verlag.de
Originalausgabe
Erste Auflage 2024

© 2024 Imprint der Dulangon LLC, St. Petersburg, US

Redaktion: Marianne Link
Lektorat und Korrektorat: Peter Klausen
Covergestaltung & Buchsatz: Denise Gahn | denisegahn.com

Alle Rechte vorbehalten.
Vervielfältigung auch auszugsweise, nur mit schriftlicher Genehmigung des Verlages.

Hallo, kleines Wunder! | 117

Printed in Poland
by Amazon Fulfillment
Poland Sp. z o.o., Wrocław
24 September 2024

eb3f03fe-9ed5-4fe3-9ae2-0a3a4a0c0008R01